La Santa Muerte

" Dedico este libro a mi querida y amada madre santa muerte quien cuida de mi familia y de mi siempre "

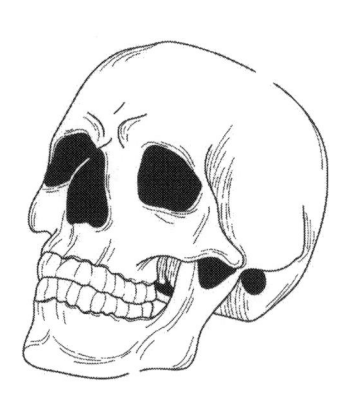

INDICE

Prologo..................................1
Oración de invocacion..................3
Oración proteccion.....................5
Oracion diaria.........................7
Oración de la mañana...................9
Oración de la noche...................11
Oración de agradecimiento.............13
Oración de la hora de comida..........15
Oración para el dinero................17
Oración para un trabajo...............19
Oración para alejar envidias..........21
Oración para el amor..................23
Oración para consiliar el sueño.25
Oración por la familia................27
Oración para la salud.................29

Oración para alejar el vicio................31
Oración a la santa muerte blanca.....33
Oración a la santa muerte dorada....35
Oración a la santa muerte negra.......37
Oracion a la santa muerte de las siete potencias................................39
Oración para el amor en el matrimonio................................41
Oración para atraer a una persona...43
Oración poderosa para el dinero.......45
Oración para quedar embarazada.....49
Oración para limpiar energias negativas................................51
Poema1 Cuando me lleves...................52
Poema2 Dulce muerte............................53

Querido hermano en tus manos tienes un grandioso libro de oraciones que te ayudaran a encontrar las palabras que necesitas para orar a nuestra santa reyna en cualquier situacion en la que te encuentres , si apenas estas enpezando a acercarte a nuestra niña blanca ,este libro es el indicado para ti,solo te pido por favor orar siempre con respeto y de corazon ,pero sobre todo con mucha fe ,trata de destinar un horario o dia para realizar las oraciones ,un lugar tranquilo o un momento que destines para conectar con nuestra madre,si lo prefieres llevalo a donde sea que vallas y realiza tu oracion cuando mas lo necesites, siempre ofreciendo una ofrenda al inicio como una vela,un vaso de agua ,una fruta ,un cigarro o lo que tengas en tu dispocicion de ofrendar con amor y fe, mi santa madre simpre te escuchara y cumplira los favores que le pidas de corazon , que mi santa muerte nos cuide y nos proteja hoy manaña y siempre.

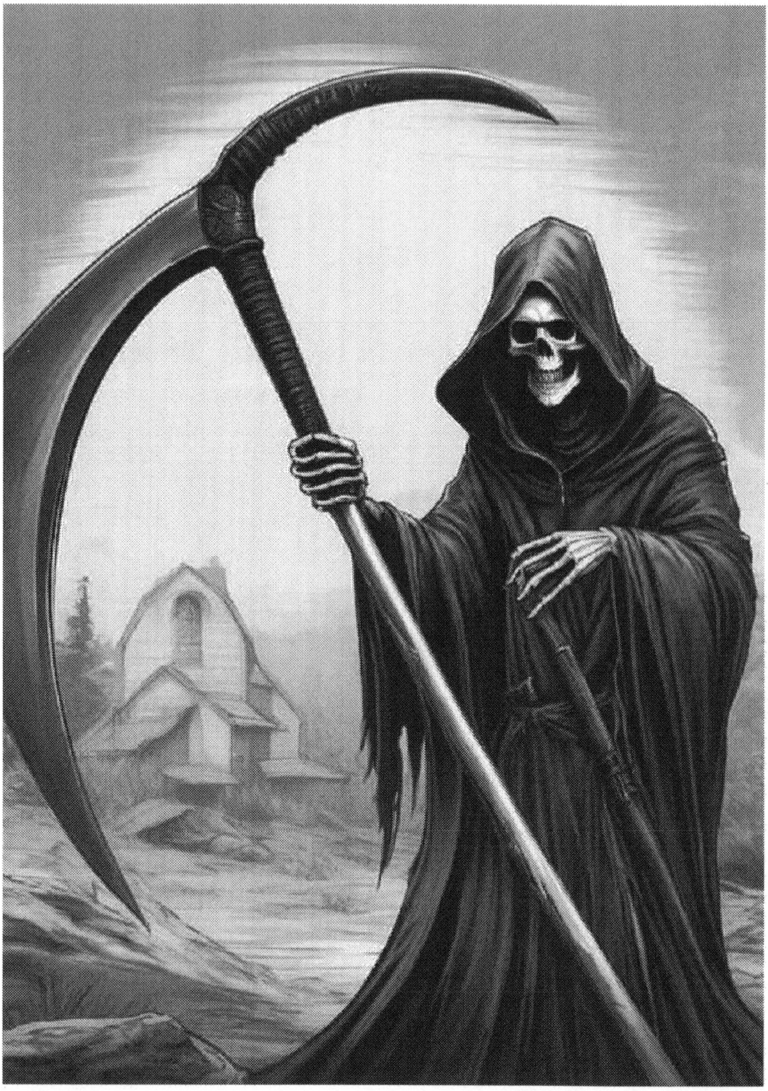

oración de invocación

¡Oh santa muerte!,
¡Oh santa muerte!,
¡Oh santa muerte!,
En este día y a esta hora, aclamo a tu nombre
con toda la sinceridad de mi corazón
y te invoco,
pidiéndote que te presentes ante mi,
que a partir de este momento
seas tu mi guia,
en este camino llamado vida,
por favor te pido me aceptes como tu hijo
y me guardes bajo tu santo manto,
invoco tu poder y tu fuerza para superar
y vencer todos los obstáculos de mi
vida, yo invoco tu poder y tu fuerza
para tener un buen trabajo y
tener éxito en ello.
invoco tu ayuda para elimina de
mi vida toda mala suerte y desgracia que me aceche
que a partir de hoy
cuides siempre de mi y de los míos,
de todo peligro y maldad e invoco tu guadaña para
que corte de mi vida toda energía negativa y así todos los peligros
ocultos no me lastimen con certez
yo invoco los milagros y bendiciones de la santísima muerte
para obtener prosperidad, abundancia, salud y bienestar,
creo en el poder de la santa muerte y a partir de hoy cada
puerta o camino que esté cerrado para mi serán abiertos
yo (Dirá su nombre completo)
me comprometo ser fiel a tu nombre,
a llevarte siempre presente,
agradecerte y a honrarte
cumpliendo mis promesas,
se mi protectora por lo que me regales de vida
y después de mi muerte
AMÉN

(leer en voz alta 3 veces)

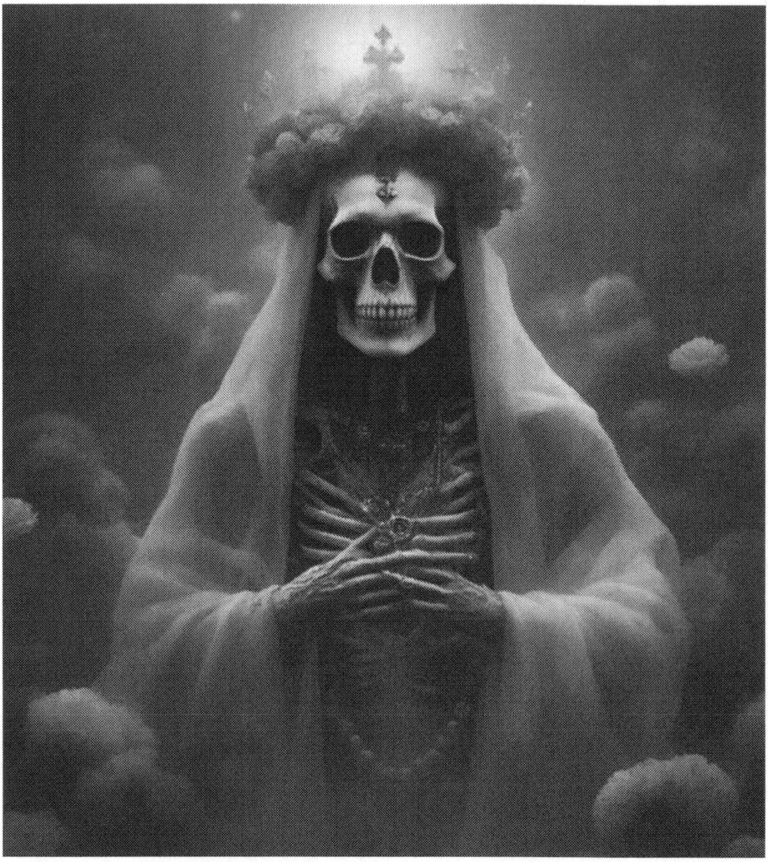

Oración de protección

Santa Muerte tú que ves mis Caminos, con tu guadaña me cubres ante la injusticia me proteges, me salvas de mis enemigos, me ocultas siempre, me das fortaleza y mi salud conservas. A ti que , muchos te temen, muchos te aman Santísima Muerte, otros te imploran Santísima Muerte ,otros te reclaman Santísima Muerte yo te amo venero y respeto.
por eso te pido Guárdame de los peligros de los que me acechan durante el día a la espera de poder traicionarme, durante la tarde de las atrocidades que suelen pasar ,y protégeme en las noches cuando reinan las sombras más oscuras.
Alertame de amenazas traicioneras ,indícame los peligros para que yo pueda esquivarlos, cambia el rumbo de los acontecimientos y vuelvelos a mi favor, quita toda dificultad y obstáculo, Permite que la paz siga mis pasos, que el respeto sea correspondido. guarda mi espalda ante el traidor, protege con tu santo manto la vida del que te quiere y te venera, Mi dulce niña , mi señora protectora escucha mi ruego no permitas Santa mía que decaiga mi ánimo, mi salud,mi amor a la vida, Santa Muerte siente mi fervor porque siempre recibirás mis ofrendas seleccionadas principalmente para ti con todo mi cariño ,amor ,respeto y veneración, Santa Muerte ven y acude a mi llamada atiende tu fiel y devoto siervo, nunca me dejes en el abandono, cuide de los míos como si de mí mismo se tratara, destruye al traidor y al malvado, al que me maldiga, al que me odia, al que me traiciona, al que con artes oscuras quiera hacerme daño .
ocultame cuando ser visto No deba, cuando el peligro me aceche, cuando mi vida esté amenazada, cuando mis intereses quieran quebrar , Y yo sabré recompensarte siempre, mi amada niña mi bien más querido, mi constante compañera Guárdame de todo mal y protégeme siempre
amén

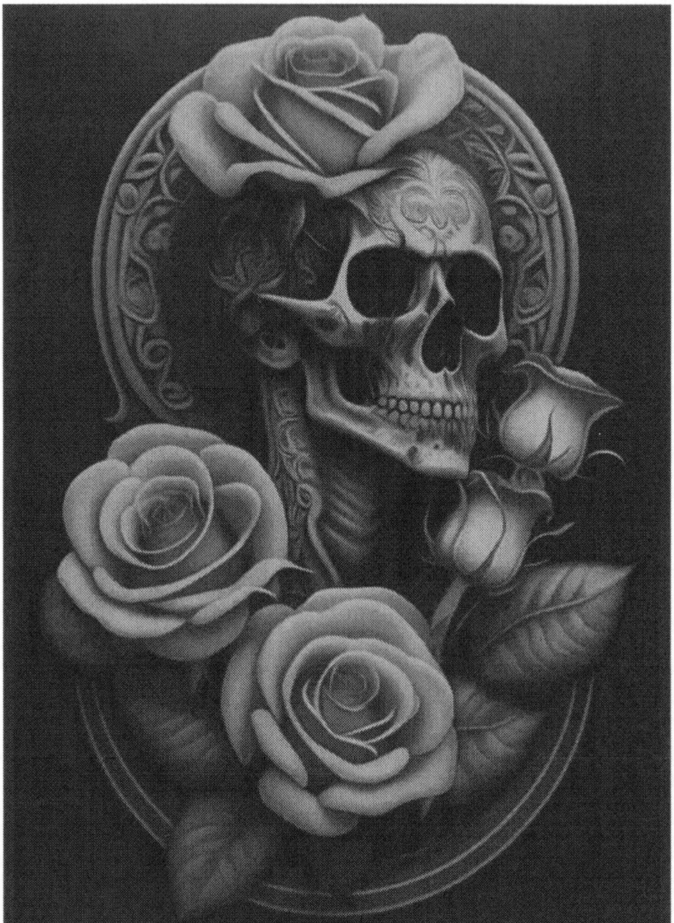

oración diaria

Niña blanca
Santísima
Muerte,
Bendice mi día.
Bendice mi
suerte,
tráeme alegría
También a mi gente,
no me abandones
Cuídame siempre,
aleja lo malo
que no se me
acerque,
y mis enemigos
que de mí se alejen,
que hoy
en este día
el éxito sea latente
y la prosperidad
me acompañe siempre
escúcha mi ruego
Santísima Muerte
que yo cada día lo haré
nuevamente
AMÉN

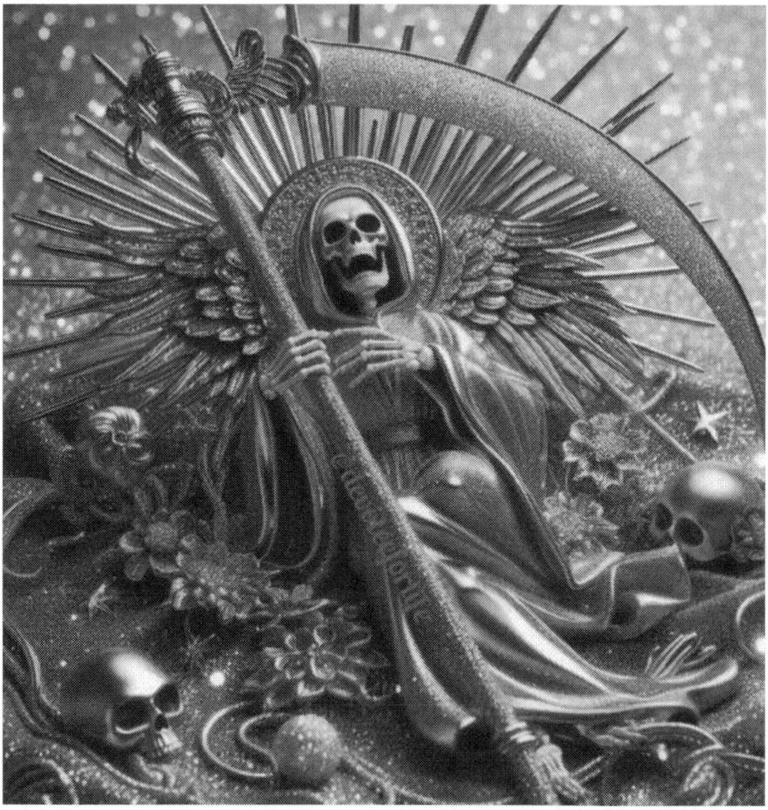

Oración de la mañana

¡Oh hermosa Santísima Muerte!
en este día te pido llenes mi camino de mucha luz, así mismo como de sabiduría y escucha mi oración, bendita Santa Muerte madre mía,haz que hoy viva de tal manera que todas las personas que se acerquen con malas intenciones y sentimientos negativos de odio o maldad, descubran que sus esfuerzos por perjudicarme son inútiles al percibir tu presencia a mi lado, ayúdame a prosperar como ser humano ,no permitas que caiga en ninguna turbulencia y si caigo que pueda levantarme, no permitas que me rinda,Si necesito hablar que seas tú quien ponga las debidas palabras en mi boca.

Así mismo si tengo que escuchar escuches por mí para tener claridad en mis pensamientos, te ruego que seas tú bendita muerte que intercedas por mí, que seas tú quien guíe mis pasos y camine junto a mí, cuídame a sí mismo protégeme en todos los días de mi vida y permíteme que todo lo que empieza hoy tenga un final acertado.

Dame la luz para ver lo bueno dentro de lo malo y Permíteme ver el mundo con los ojos del amor. Santísima Virgen de la muerte ayúdame a ser una persona protectora como bondadosa y no permitas que mi corazón se llene de sentimientos diferentes al amor, para que así pueda tener una buena recompensa en cada cosa, mi amada reina protégeme bajo tu manto y escucha mi oración de la mañana, concédeme tus bendiciones y entrega la felicidad en mi trabajo como en mi hogar, aleja todo lo malo así como los daños y peligros, te pido como también te aclamo no me dejes en ningún momento a donde quiera que vaya hoy, quita de mí como de mis seres queridos a todas las personas que quieran hacernos daño, rezó en esta mañana para que mis oraciones sean escuchadas, Como así sean concedidas tus bendiciones Santísima Muerte mi querida madre mantenme bajo tu protección única y total,ayúdame a enfrentar este nuevo día lleno de bendiciones ,Permíteme la tranquilidad como también la armonía y nunca me desampares, para que cada día vivido sea para la honra y gloria de tu santo nombre
AMÉN

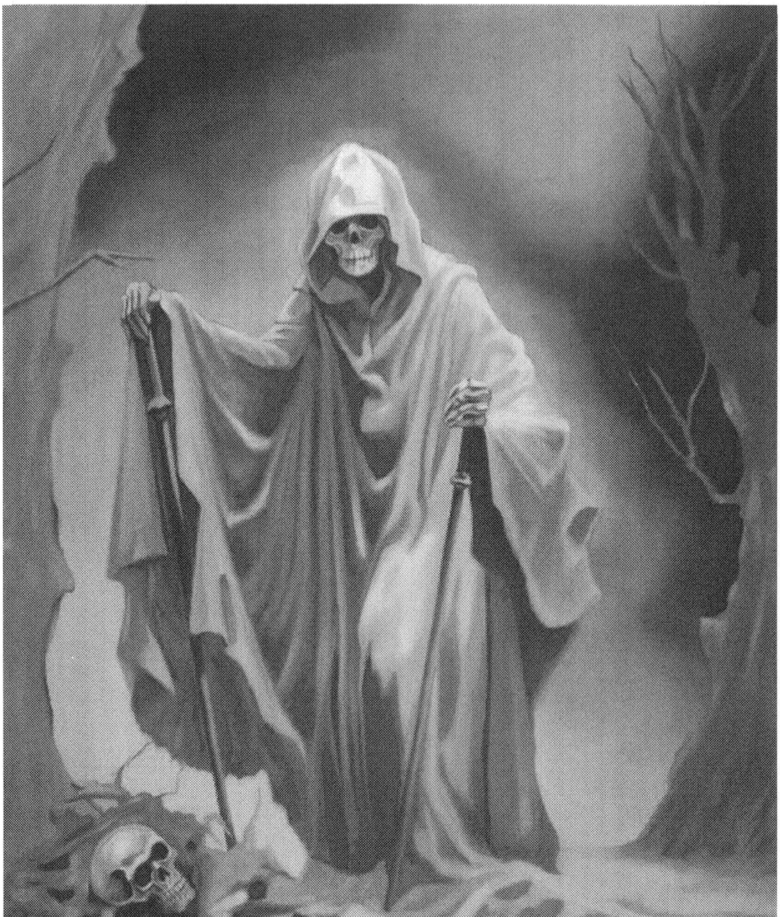

Oración de la noche

Mi niña blanca
ahora que ha llegado
la noche me acuerdo
nuevamente de ti,
el mundo está en silencio, y
me acerco a ti sin prisa,
sin preocupaciones,
Me detengo a respirar tu presencia
y agradecer el hecho
de tenerte en mi vida,
querida madre te amo y
sé que tú me amas aún más,
Gracias por cuidar de mí,
gracias por cuidar de mi familia y
por permitirme despertar y
llegar al final de este dia,
te agradezco por todo lo
que me diste hoy,
Y también por lo que
no pudiste darme, entrego en tus manos mis planes
para mañana,
así como mis problemas de este día, te pido que me
ayudes dándome sabiduría,
Y fuerza para poder realizar
mis tareas,en esta noche descanso en tus brazos, me
entrego a tu Paz renueva mis fuerzas,cuida de mis
sueños,
que mañana despierte con tu palabra en mi mente,
Confíado en tu amor,
por otro día más de vida tomado tomado de tu mano
Gracias mi santa muerte.
AMÉN

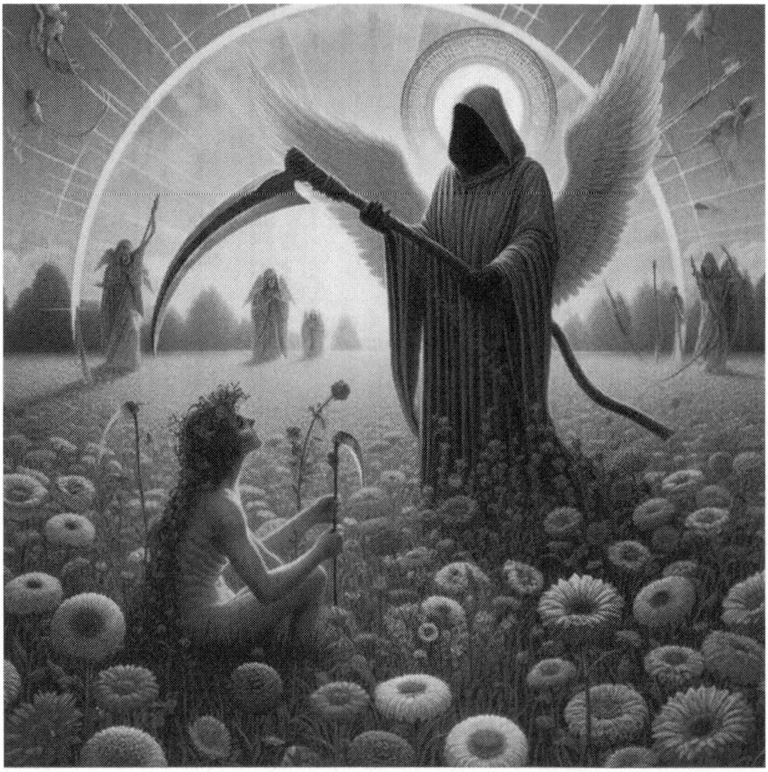

Oración de agradecimiento

Santísima y poderosa muerte,
mi santa madre,
mi fiel amiga y compañera,
quien guarda de mi a donde quiera que yo vaya sin importar si mis acciones son buenas o malas,
con quien platico mis pesares y mis anhelos,me presento hoy ante ti,
no para pedirte un favor,
si no para agradecerte lo benevolente y misericordiosa que has sido conmigo y con los míos.

Gracias por que al despertar en un nuevo día,puedo sentir tu presencia a mi lado,gracias por que me bendices con alimentos
en mi mesa y trabajo
abundante en mi vida
gracias por cuidar de mi economía y multiplicar mi riqueza

Gracias bendita muerte
por permitirme un dia mas en este mundo y de poder disfrutar con mi familia y seres queridos,gracias por la salud que nos brindas y la protección que
nos das a diario.

Así también te doy gracias
por todo aquello que no me puedes dar, pues aun me preparas para recibirlo,te doy gracias por todos los tropiezos que he tenido
pues he aprendido algo de todos ellos, gracias por las personas que se han alejado de mí pues no son necesarias en mi vida.
gracias por mostrarme lo bueno y lo malo y ayudarme a tomar la mejor decisión en mi camino, por todo esto y más te agradezco mi bendita y adorada madre.
AMÉN

@mictecacihuatl

Oración para la hora de la comida

¡Oh! Santa muerte querida
reina de mi corazón y de mi vida,
en esta hora del dia
y en esta mesa bendecida,
te damos gracias por los alimentos
que has puesto sobre ella

bendice las manos que han
preparado estos alimentos
y bendice a todos los presentes
en esta mesa.

AMÉN

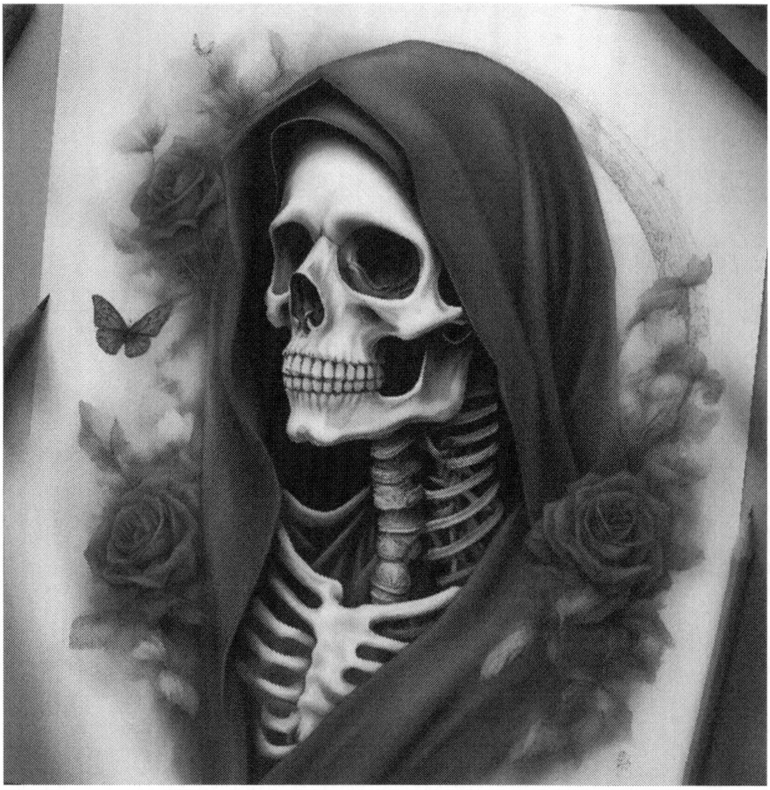

Oración para el dinero

Santa muerte de mi corazón
te pido permiso para invocar tu presencia,
ven a mi vida y bendíceme
con la abundancia del dinero, haz que rinda y se multiplique,
no permitas por ningún motivo que el dinero que tengo desaparezca de mis mano sin ver su fruto,
te pido me saques de la pobreza y conviertas de mí una persona exitosa,
retira de mi vida toda mala vibra y ruina de mis bolsillos, y haz que venga a mis manos el dinero.

"Dinero ven, ven, ven
yo te necesito en el nombre
de mi Santa Muerte yo te llamo para que siempre me rindas y te multipliques

×3

Dinero ven,ven ,ven
yo te necesito en el nombre de mi santa muerte yo te llamo para que me rindas y te multipliques siempre"

Santa muerte por favor enséñame el rumbo para encontrar el camino de la abundancia, permíteme alcanzar la meta para obtener las llaves del éxito, responde mi súplicas. Intercede por mí ante los espíritus de la riqueza ,llena mi casa de salud, dinero, amor y negocio.
Invoco tu ayuda para que mi casa prevalezca, para que mi negocio prospere y cada moneda o billete que llegue a mi se multiplique en tu santo nombre,
alúmbrame con la luz de la fortuna
¡Así sea!
¡Así sea!
¡Así sea!
AMÉN

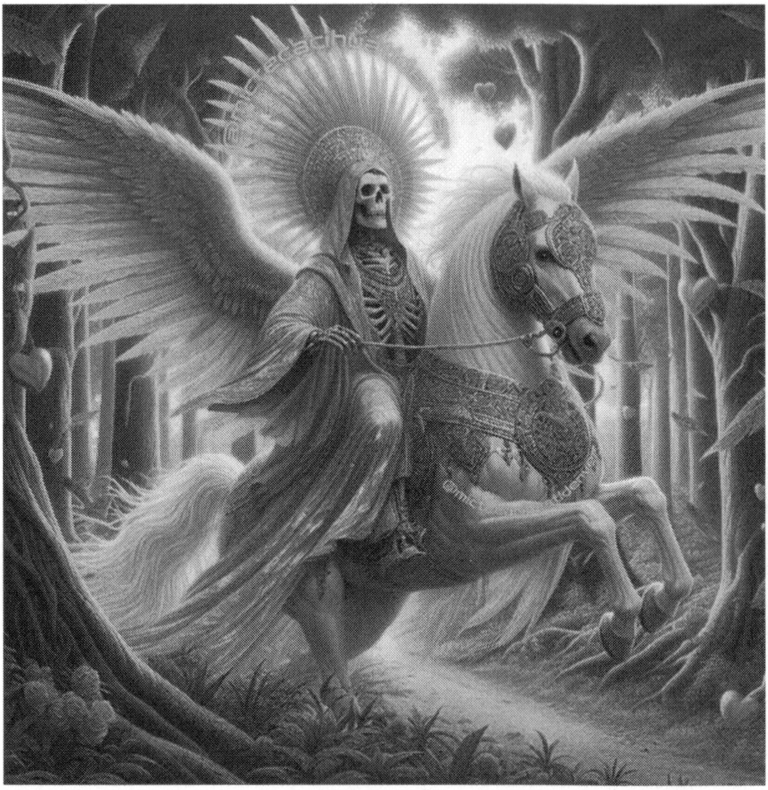

Oración para conseguir trabajo

Bondadosa y bendita santa muerte,tu que conoces mis caminos,así como mis problemas,para ti madre que no existen imposibles,
te pido me ayudes a conseguir este trabajo que tanto quiero y que tanta falta me hace.

Abre el camino para que este trabajo que tanto deseo llegue hasta mi puerta,no me dejes caer el fracaso y ayúdame a salir adelante,te suplico consigas para mí (en este momento dirás tu petición) ponme primero ami por delante para que yo consiga este trabajo antes que otras personas,tu sabes lo mucho que lo merezco y necesito, ya que con el podre ganar la economía que necesito para sostener a mi familia,para poner comida en nuestra mesa y zapatos en nuestros pies.

Te agradesco santa muerte por que sé y estoy totalmente seguro que me brindaras la bendicióon de conseguir este trabajo por eso mismo te hago la promesa de ofrendarte (en este momento dirás tu promesa de ofrenda) Con el primer salario que llegue a mis manos de este trabajo que me concederás.
¡Así sea!
¡Así sea!
¡Así sea!
AMÉN

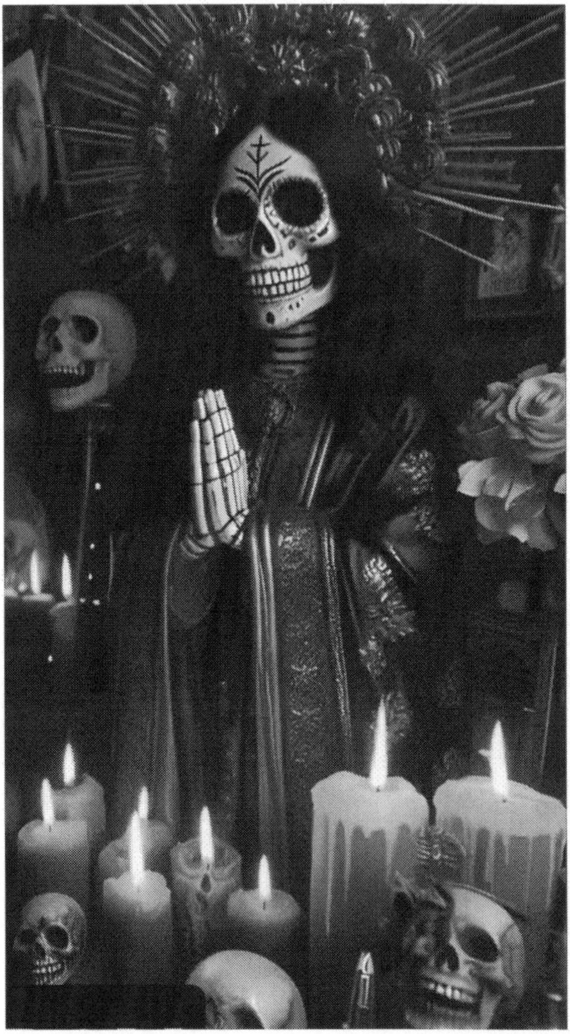

Oración para alejar envidias

Bendita Santa Muerte te pido fortaleza contra mis enemigos, te pido alejes de mí toda envidia, chismes,celos, maldiciones y habladurías,que tapes toda boca que con maldad me pronuncie,que todos los deseos negativos de los que me rodean regresen a sus dueños, santísima señora que tus ojos sean mis ojos y que tu castigo sea el mío,hacia quien por maldad o por dinero intente hacerme daño, en ti dejo el precio de sus acciones,aleja de mi vida y de mi hogar a toda persona que con su boca quiera destruirme, bendita Santa Muerte en tus manos me encomiendo hoy y siempre.
AMÉN

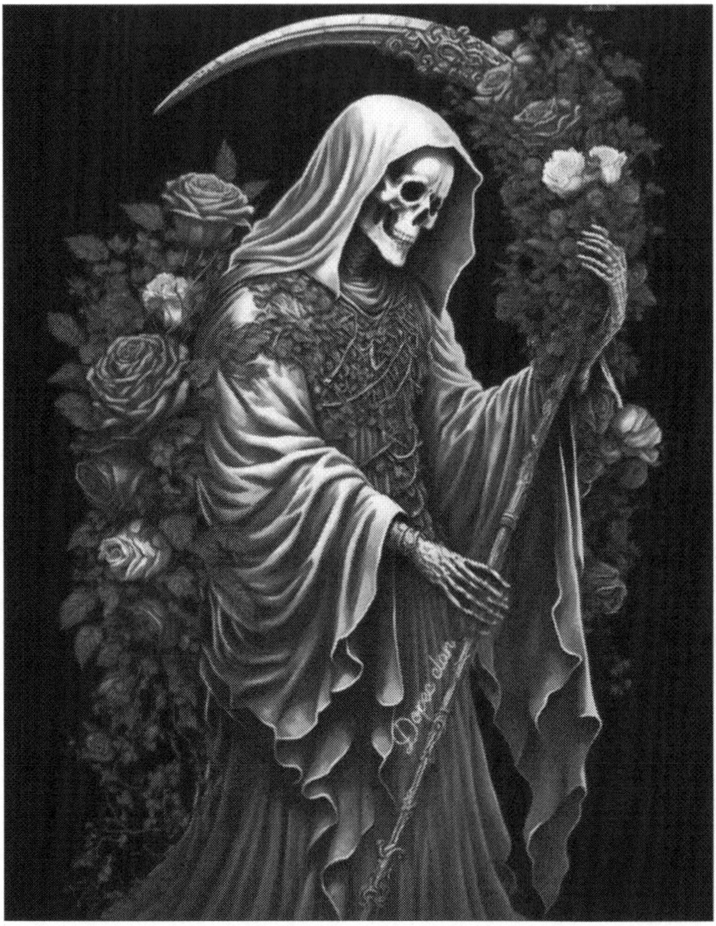

Oración para encontrar el amor

¡Bendita ,bendita ,bendita!
santa muerte,
mi madre ,mi amiga y confidente con quien camino siempre acompañado,mi amorosa Santa Muerte sé que tú eres mi único y más grande amor.
Y sé que tu amor es el más perfecto fiel y bello al que se puede aspirar, pero también sabrás que estoy solo y ansío tener el amor,
por ello este día me acerco a ti para pedirte que me des la dicha de encontrar a una persona con la que pueda compartir mi vida y mi devoción hacia ti Santa Muerte,
no permitas que mi corazón quede en tinieblas y se seque, por favor trae a mi camino la bendición del amor verdadero, permite que mi herido corazón sienta y se emocione de nuevo, permite que se olvide de malos recuerdos, quita las amarguras, inseguridades, miedos y temores, y dame la confianza para que pueda amar nuevamente, regálame la dicha de conocer a alguien y poder compartir mi vida, que pueda amar y ser amado,te lo pido en tu santo nombre
AMÉN.

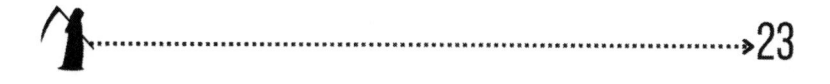

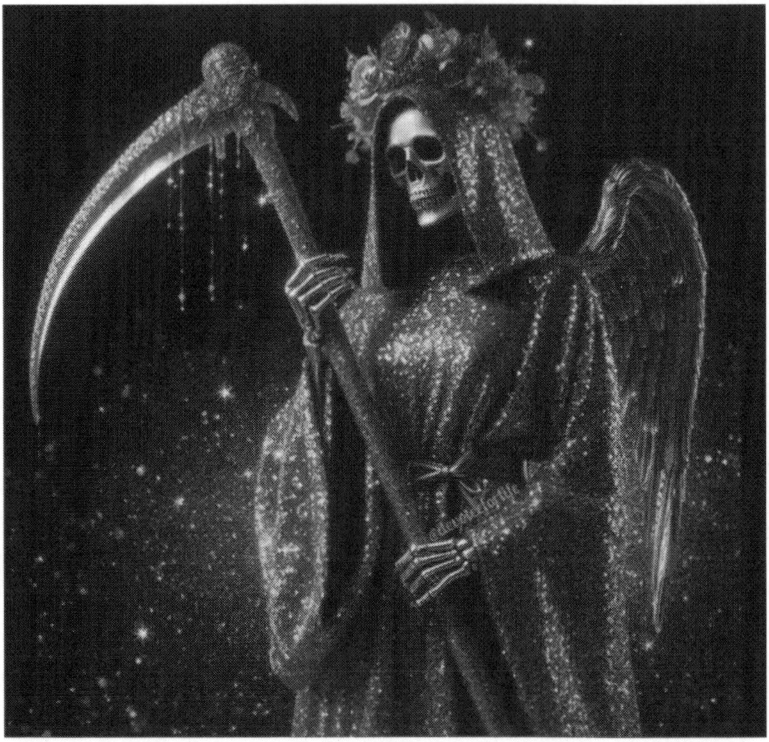

Oración para consiliar el sueño

Bendita madre mía
te pido me escuches
pues mi noche se ha
vuelto fría,
que tu cálido manto
de reemplazo a mi
almohada y mi noche
sea más relajada,
Oh madre querida pues
no consigo dormir y
mi cabeza se atormenta
con palabras,
mis pensamientos
me recuerdan mis
desgracias y mi subconsciente
traiciona a mi cansancio,
oh madre mía, ¡haz que paren!
y ayúdame a dormir
en tus brazos,
separa aquellos fantasmas
de mi cuerpo,para que pueda
conciliar el sueño
madre mia
estoy tan cansado
por favor ayúdame
a dormir esta noche y dale
descanso a mi cuerpo
Maltratado.

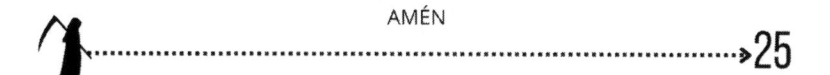

AMÉN

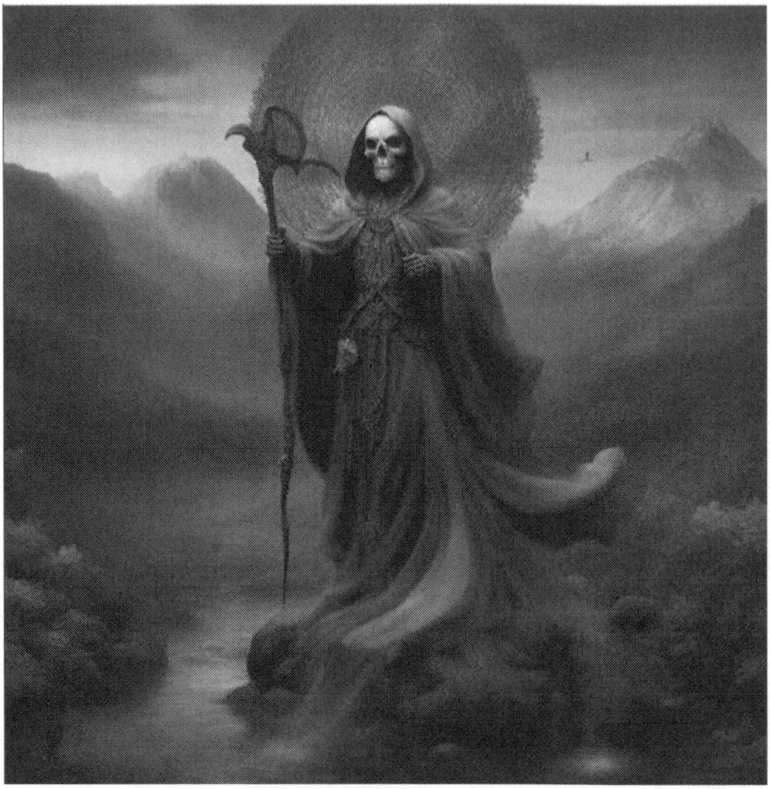

Oración por la familia

¡Oh santa muerte!
mi querida madre, escucha esta oración que te realizo con fervor, te ruego que cuides de mi familia,(en este momento dirás el nombre de tu, esposo, hijos, hermanos, etc) protegelos a donde quiera que vayan, acompañándolos siempre en cada paso que den, no los dejes caer en tentaciones qué perjudiquen su espíritu,y si caen qué puedan levantarse de nuevo con tu ayuda, así también te pido nos unas más que nunca como familia, que gocemos de armonía todos juntos, ayúdanos a dejar nuestros resentimientos atrás, y podamos convivir con amor y fé en tu santo nombre, que nuestra familia sea siempre bendecida por ti, y que a pesar de la distancia nuestra unión prevalezca siempre, ayudándonos y amándonos los unos a los otros, no permitas que la envidia ni el egoísmo nos destruyan, mi amada santa muerte escucha esta oración y no te olvides de tus hijos (en este momento dirás los nombres de tu familia) quienes te alabamos y te agradecemos con fé todo lo que haces por nosotros, danos entendimiento y sabiduría, así también ayúdanos a controlar nuestro temperamento, para que haci nunca nos hagamos daño, que nada pueda separar a esta familia ni la fé en tu santo nombre
AMÉN

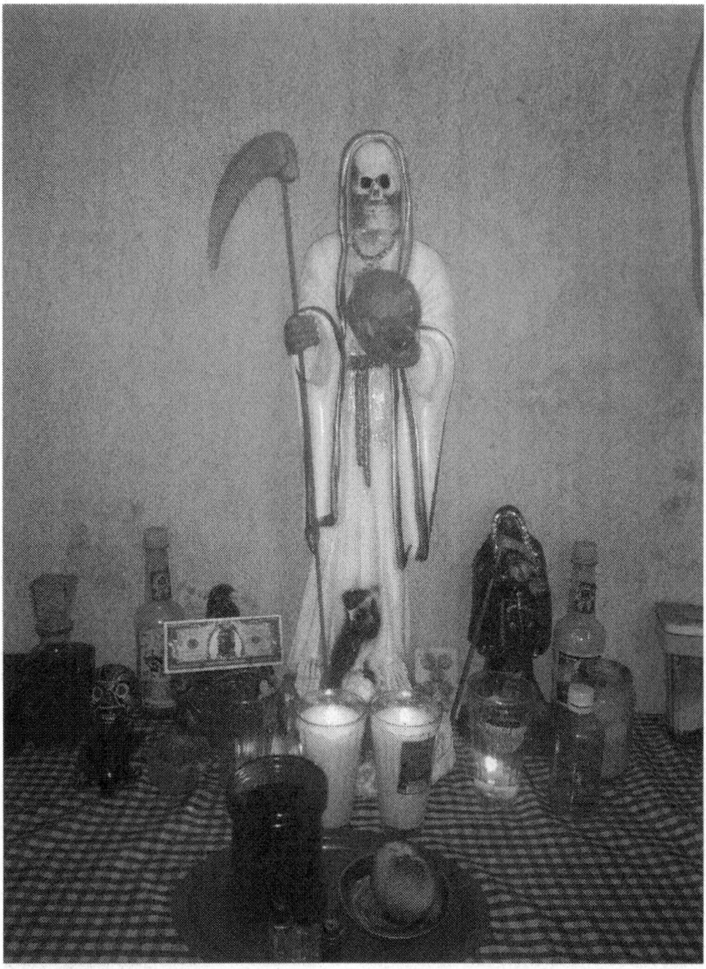

Oración por la salud

Bendita y alabada santa muerte, una vez mas acudo a ti, orando desde el fondo de mi corazón y con mucha fe, puesto que para ti no hay imposibles, tu conoses de las necesidades que padesco y te pido que nos liberes de toda enfermedad que pueda acechar nuestros cuerpos, así también te pido por (en este momento dirás el nombre de la persona enferma) para que pronto pueda recuperarse de la enfermedad que tiene, pon tu manos sobre él y con tu guadaña corta todo mal que perjudique su salud, que se pueda mejorar lo más pronto posible, tu que conoces el destino de cada uno de nosotros te pido por favor (en este momento dirás el nombre de la persona enferma) le concedas un poco de fortaleza para seguir adelante, para que pronto pueda tener mejoría y pueda gozar de una buena salud, te doy gracias por la buena salud que le has concedido por mucho tiempo a mi familia y a mi y te pido que nos sigas regalando la bendición de sentirnos bien, que cada día que pase podamos sentir mejoría en nuestras dolencias, ayuda a sanar rápido nuestras heridas, para que cada día que vivamos podamos disfrutarlo con alegría y felicidad, asi sea y asi sera en tu santo nombre
AMEN

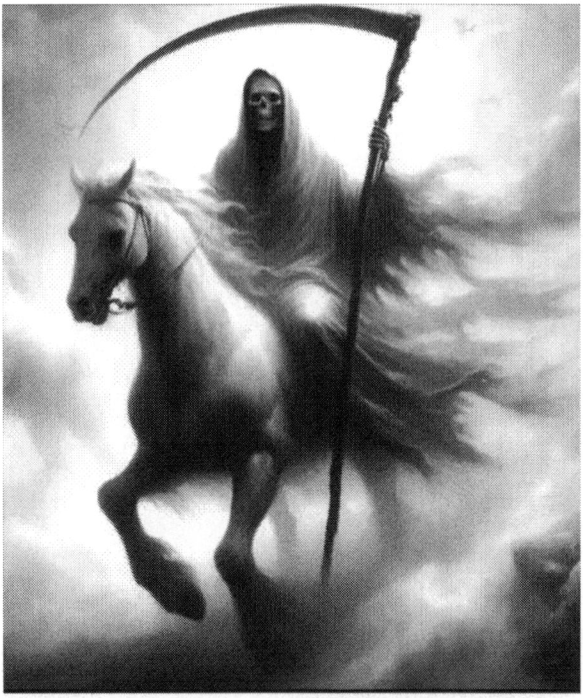

Oración para alejar el vicio

Santa muerte de mi corazón, acude en este momento a mi ayuda , tú que conoces mi corazón y mis pensamientos ,así también como mis debilidades, aleja de mí estos pensamientos negativos y no me dejes solo ,no permitas que mis impulsos me dominen, sabes que hago mi mayor esfuerzo para no caer de nuevo en mis vicios pero yo solo no puedo, ayudame santa muerte a controlar mis ansias ,aclara mi mente , ayúdame a sobrellevar mi ansiedad para no recaer ,enséñame a hacer uso de esa voluntad infinita que ya poseo para que pueda seguir adelante en mi vida, pon en mi camino ángeles que me ayuden a sobrellevar mis pesares y aleja de mi aquellas que solo quieren hundirme, cuida de mi,se que con tu ayuda yo podré salir adelante de mis vicios ,y así disfrutar de esta maravillosa vida que me estas permitiendo vivir, quiero en mi vida un cambio completo y tener el control total de mis acciones,te entrego en tus manos mi vida, mis ojos, oídos y boca para que las alejes de toda tentación qué me pueda perjudicar.
AMEN.

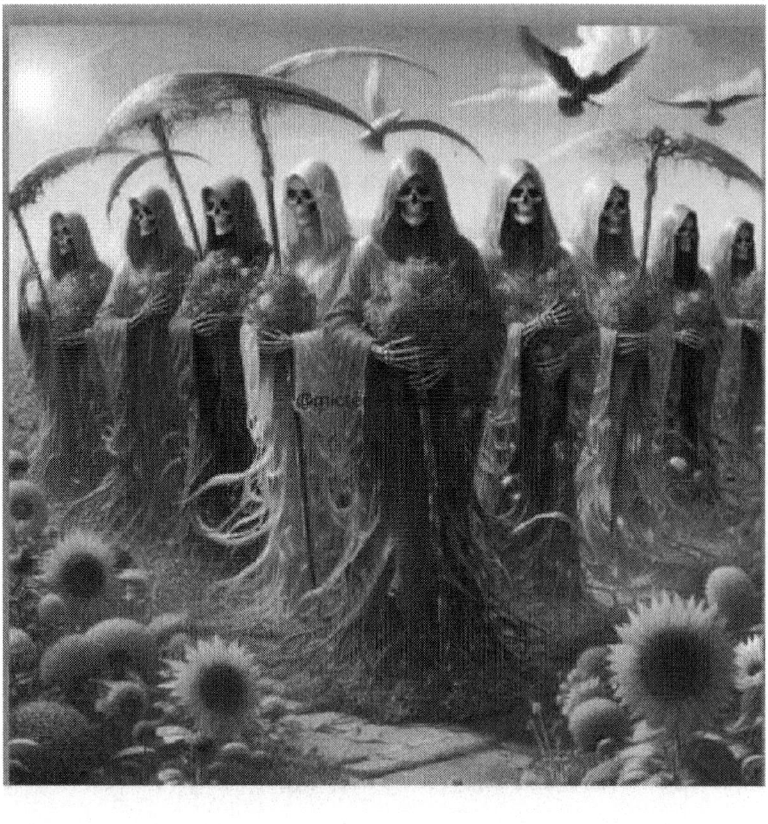

Oración a la santa muerte blanca

Mi señora santa muerte blanca
majestuosa potestad,quien porta nuestro tiempo en sus manos y donde posa el mundo mismo
tu mi niña bondadosa y justa,te agradesco por
permitirme conocer de ti y de tu gran poder.

Hoy te pido niña blanca no me abandones
en ningún momento ni circunstancia,
protégeme bajo tu manto
y defiéndeme con tu guadaña,
llena mi vida de plenitud y amor,
así también bendíceme con mucha riqueza

permíteme gozar de buena salud,
cuida siempre de mis sueños,
dale prudencia a mis palabras,
aleja las envidias y
no me dejes caer en engaños

Santa muerte blanca,no te olvides nunca de tu hijo,
quien cree en ti,te venera y te respeta
y yo te prometo que tu altar será siempre
correspondido con la fortuna que me pongas en el camino,
bendecida y glorificada seas por toda la eternidad.
AMÉN

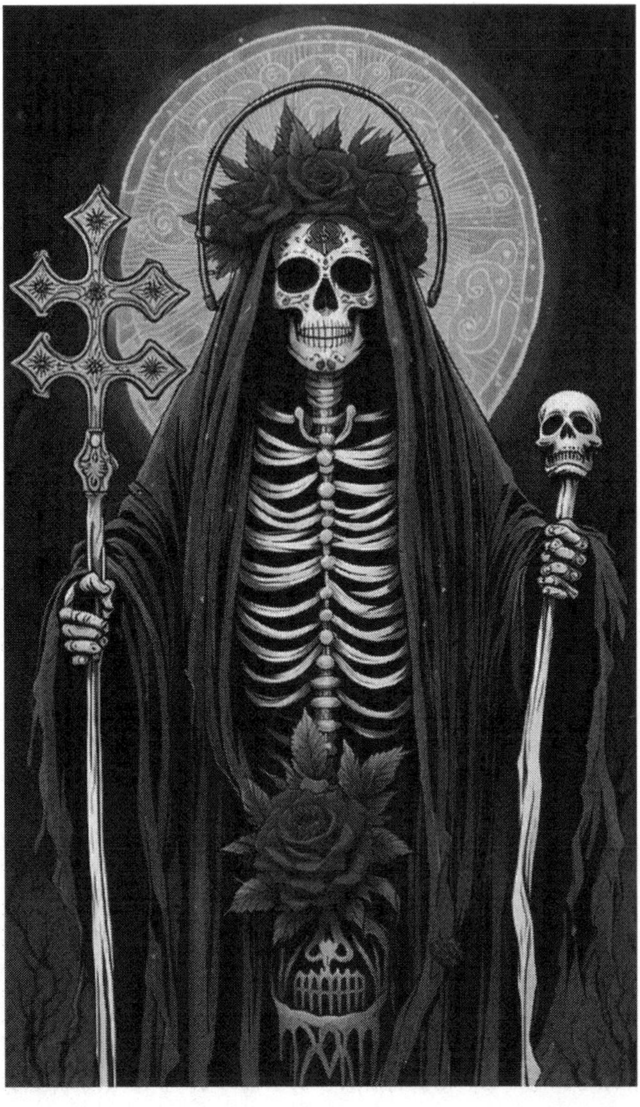

Oración a la santa muerte dorada

Santa muerte dorada,
hermosa madre de oro
quien brilla como el sol
y poza en lo alto
de la fortuna
te pido bendigas mi
economía, llename de
tu buena fortuna,
aleja de mis las carencias
y la pobreza
condúceme al camino
de la prosperidad y
el éxito,
pues deseo alcanzar
la fortuna y la riqueza.
Se tu mi imán para atraer
el dinero y pon en mi
camino negocios que me
beneficien con riqueza,
te prometo siempre
agradecer por el dinero
que pongas en
mis bolsillos
y siempre compartir
mis bendiciones con
quien más lo necesite,
Santa muerte dorada
me entrego a tus brazos,
pues se que a mi vida
llegarán grandes sumas
de dinero y fortuna
desde hoy en adelante
Amén

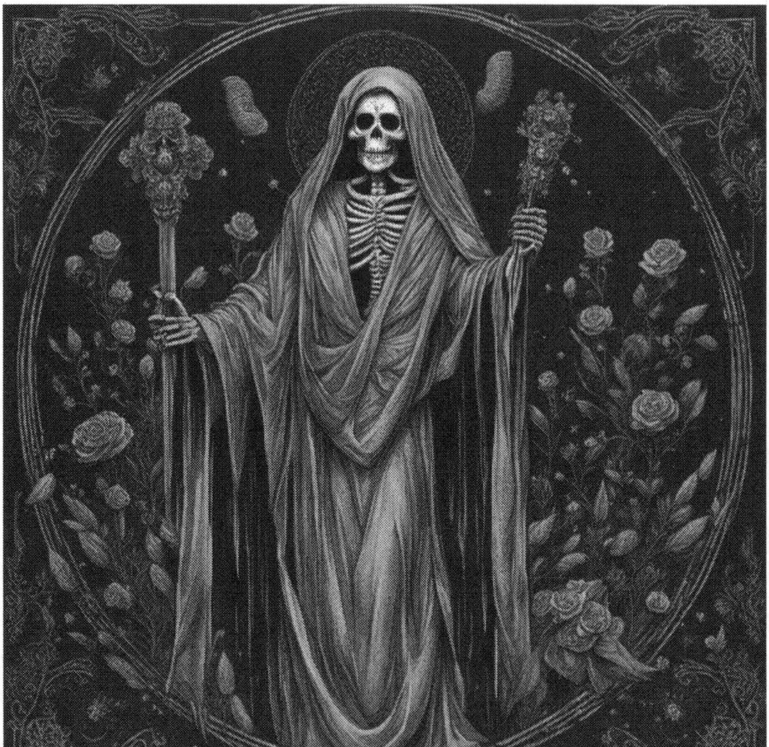

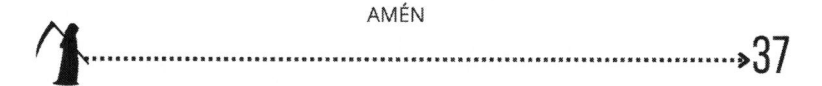

Oración a la santa muerte negra

Santísima señora de lo oscuro
mi santa muerte negra
quien camina siempre con nosotros
aguardando nuestra hora final.

Quien castiga a los malhechores
quién protege a los desamparados
quien hace de lo imposible
cosas posibles
tu santa muerte negra que tu poder es infinito
e incomprendido,
ya que tu imponente presencia
asusta a los ignorantes,
más los que te conocemos te alabamos
con fe y devoción.

Santa muerte negra
te pido me permitas
tener una vida plena, llena de felicidad, salud, amor y poder,
que todo lo que me proponga en tu santo nombre
siempre resulte a mi favor, lléname de mucho éxito,
cuida de mis negocios y protégeme de mis enemigos,
nunca permitas que su odio me toque, ni que su maldad me
hiera.
Bendice siempre con tu omnipotencia y te pido que a la hora que
usted decida venir por mi, me concedas irme en paz y
tranquilidad, regalame una muerte dulce y guíame después de
mi partida,
escucha mi oración madre mía
que yo me encomendaré a ti cada día

AMÉN

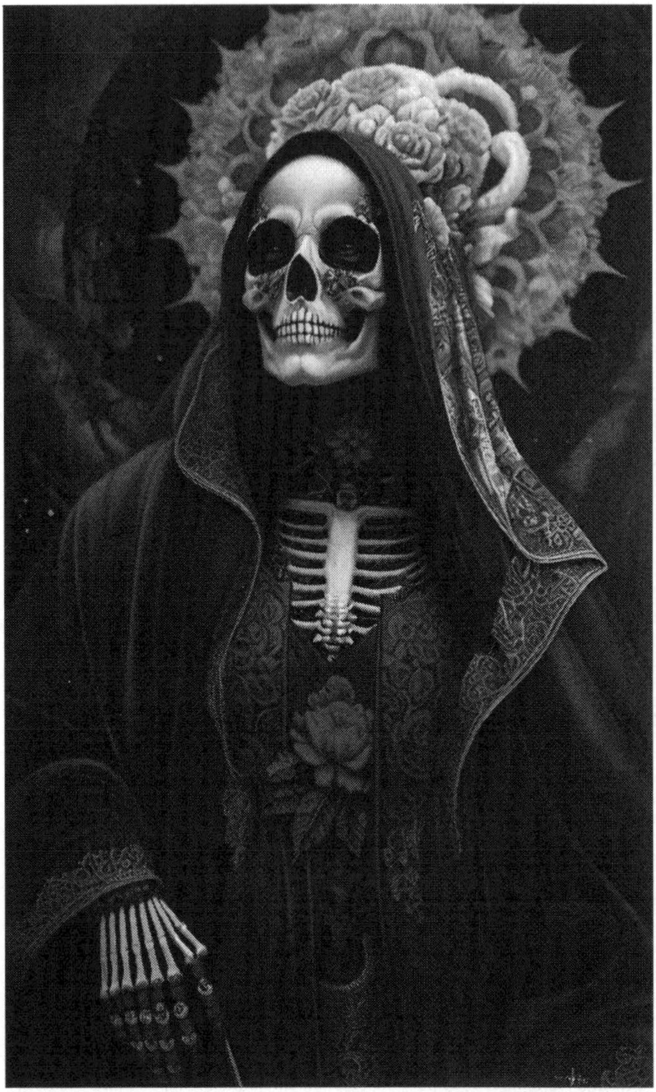

oración a la santa muerte de las 7 potencias

Gloriosa Santísima Muerte mi adorada madre de los siete colores
te pido que tu precioso manto me proteja siempre a donde quiera que vaya,
te suplico divina madre que tus ojos no se aparten de mí y que tu mano me guie siempre en mi camino ,
que el color negro de tu manto me cuide siempre de mis enemigos
y de todo aquel que quiere hacerme daño,
que tu color amarillo me llene del éxito que tanto merezco y traiga siempre a mi vida el dinero,que el rojo de tu manto cuide siempre de mi familia y me brinde siempre amistades leales y sinceras,
santa madre que tu color morado me limpie cada día de toda energía negativa tanto en mi hogar como en mi persona,
que el color verde traiga siempre la justicia para mi familia y para todos los que me rodean, que tu precioso color azul me bendiga Y llene de sabiduría e inteligencia para que pueda llevar una vida correcta y próspera,
y que tu color blanco que es la luz que ilumine nuestras vidas me regale siempre la paz y la tranquilidad que necesito en mi vida,
bendita madre no te apartes de mí y bendíceme con las siete potencias de tu manto
AMÉN

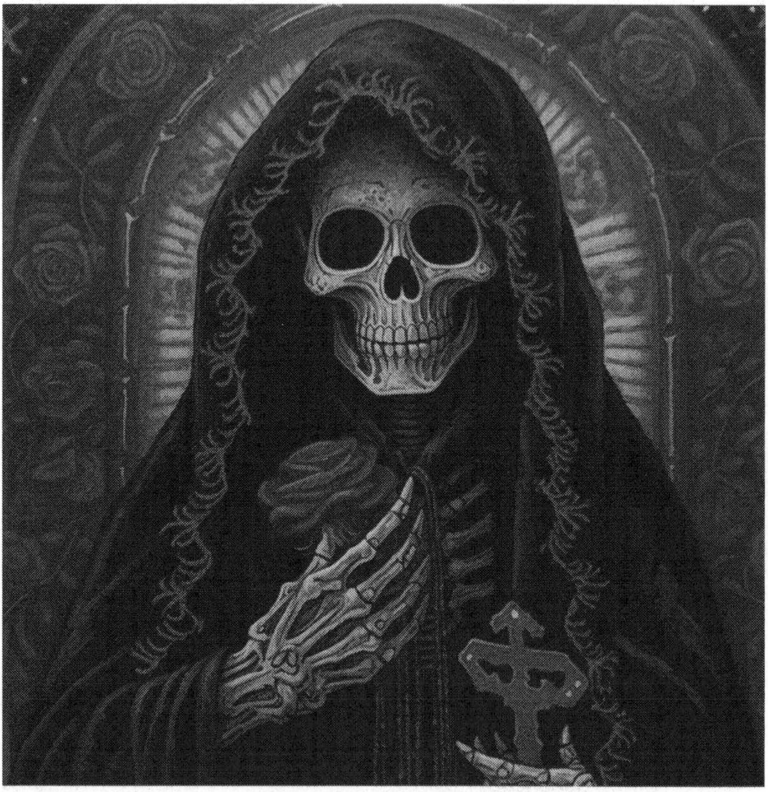

Oración para el amor en matrimonio

poderosa santa muerte, acudo a ti para que me ayudes en esta situación que presentó,
te pido bendigas mi matrimonio,ya que estamos padeciendo de problemas y discusiones más seguido,ayúdanos a resolver nuestras diferencias y que el amor entre nosotros florezca
más que nunca,bendita madre no permitas que nada ni nadie destruya el amor que existe entre nosotros, que nuestras mentes y cuerpos estén siempre unidos,y nuestros pensamientos siempre sean el de amarnos cada vez más con el tiempo,te agradezco por habernos permitidos conocernos y compartir esta vida juntos,asi mismo te pido fortalezcamos nuestras mentes para que no caigamos en deseos carnales,para que nuestra vista se aparte de las tentaciones y que el amor que sentimos el uno por el otro sea inquebrantable,no permitas que los malos comentarios que quieran destruirnos logren su objetivo,al contrario aleja a aquellas personas que busquen vernos mal,trae para nosotros la bendición del amor, y permítenos seguir de la mano juntos, hasta que usted santa madre decida separarnos.

AMÉN

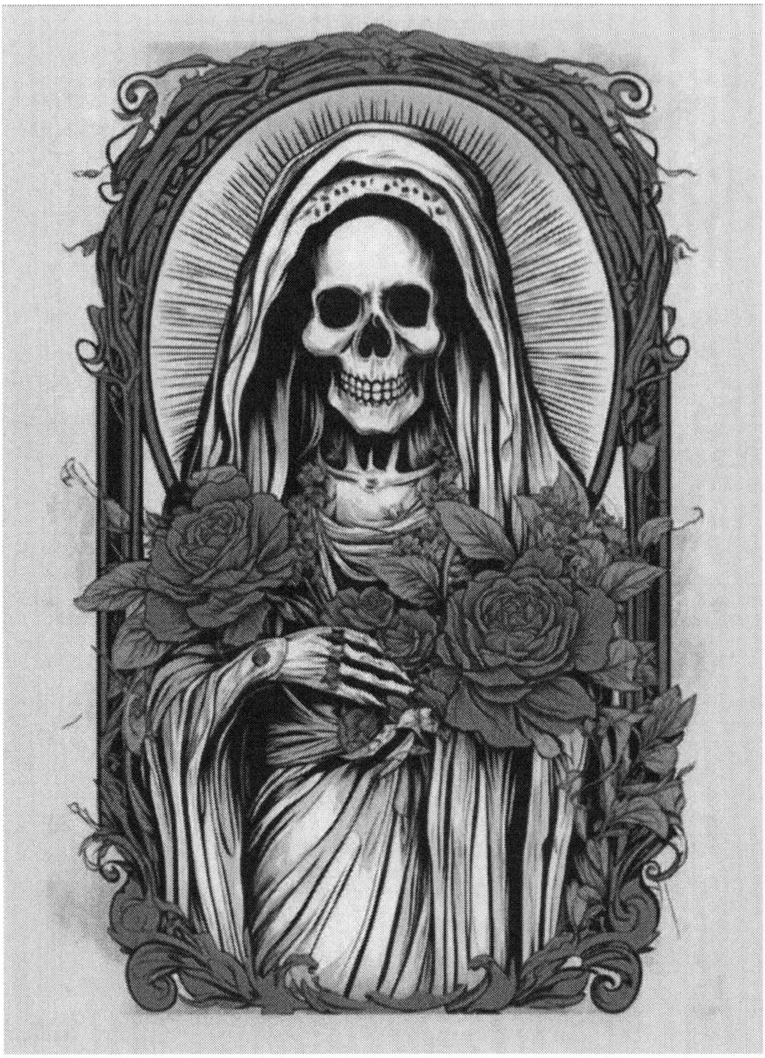

Oración para atraer a una persona

Poderosa Santa Muerte
realizó esta oración para pedirte que acudas en mi ayuda e intercedas por mi para que (en este momento dirás el nombre de la persona) regrese a mí,

¡Por mi santa muerte!
¡Por mi santa muerte!
(di el nombre de la persona)que en este momento pienses en mi y tengas la necesidad urgente de verme,
¡Por mi santa muerte!
¡Por mi santa muerte!
que no encuentres descanso hasta no estar conmigo, que tu primer pensamiento al despertar sea yo y el último al acostarte también,
¡Por mi santa muerte!
¡Por mi santa muerte!
regresa a mí ,porque sin mí tú no puedes vivir,
santa muerte intercede por mi para que regrese a mi yo te prometo (en este momento harás una promesa que puedas cumplir) por favor santa muerte poderosa ,confío en ti y en tu santo nombre
AMÉN.

repetir 3 veces en voz alta

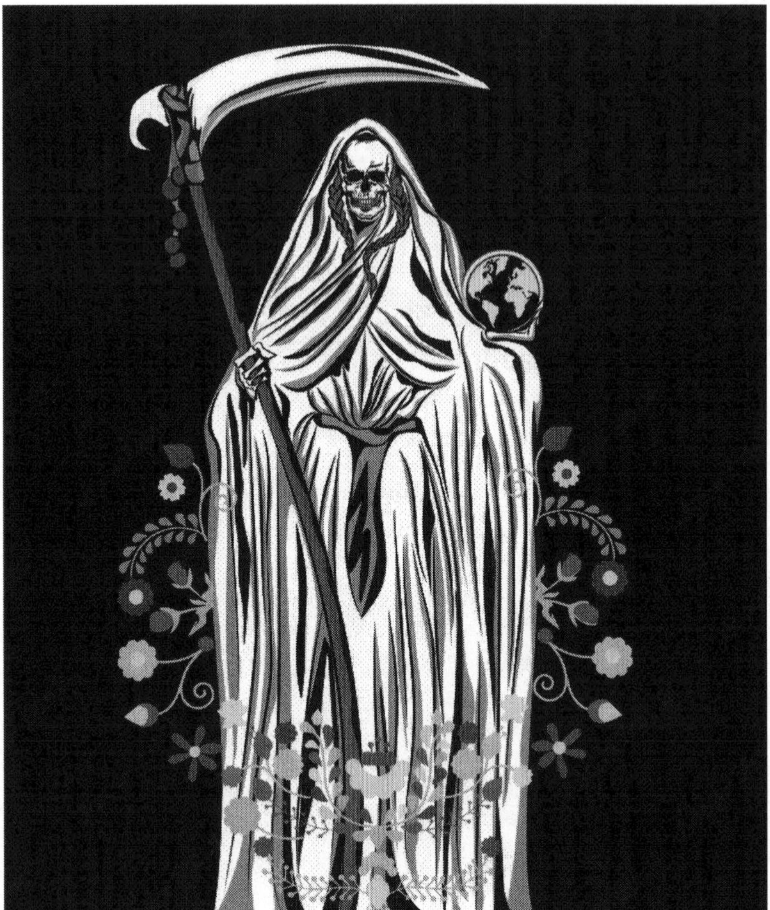

Oración poderosa para el dinero

Poderosa Santa Muerte reina de la vida y la abundancia en esta ocasión,realizó esta oración con toda la fé y la devoción puesta en que a mi vida llegarán lluvias de bendiciones, en que el dinero llegará a mí de forma contundente y podré alcanzar las metas y los deseos que siempre he querido, sé que tú conoces las necesidades de mi corazón, por eso en este momento me ayudas a obtener grandes sumas de dinero. Por eso en este mismo instante gracias a ti yo podré ser una persona completamente bendecida y afortunada. Por qué me brindas la esperanza y una grandiosa oportunidad para conseguir el dinero que siempre he deseado y he necesitado.

Santa Muerte poderosa realizó esta oración siempre enfocado en que la abundancia y la prosperidad llegarán a mi vida, porque soy una persona capaz de conseguir el éxito que siempre he deseado, hoy realizó esta oración Santa Muerte poderosa para obtener grandes sumas de dinero, para que a partir de este momento no pueda sufrir por necesidades porque la ruina estará lejos de mí igual que cualquier mal o negatividad que pueda impedir que yo tenga la bendición del éxito, al contrario activo en mi vida gran energía, activo una fuerza siempre contundente y telepática para atraer grandes sumas de dinero yo seré una persona completamente bendecida y obtendré el dinero que siempre he deseado de una forma rápida, tengo una gran necesidad y tu Santa Muerte poderosa la conoces por eso realizó con fe y con devoción esta oración ,para que a partir de este momento pueda obtener grandes sumas de dinero, pueda tener el éxito y la abundancia que siempre he deseado, soy una persona capaz,soy una persona siempre firme por eso merezco la bendición del dinero. Por eso merezco que la abundancia y el éxito rodeen ahora mismo mi existir,Se que escuchas mis súplicas y me acompañas en este caminar a un camino lleno de prosperidad y abundancia, un camino lleno de nuevas ideas y grandes oportunidades para mí en lo económico, hoy se desbloquean las barreras que ha existido,se abren nuevos caminos donde la fe y el éxito me permitieran caminar con libertad, consiguiendo grandes sumas de dinero alcanzando la abundancia, la prosperidad que siempre he deseado. hoy me siento bendecido y visualizo como mi vida cambiará completamente gracias a esta oración

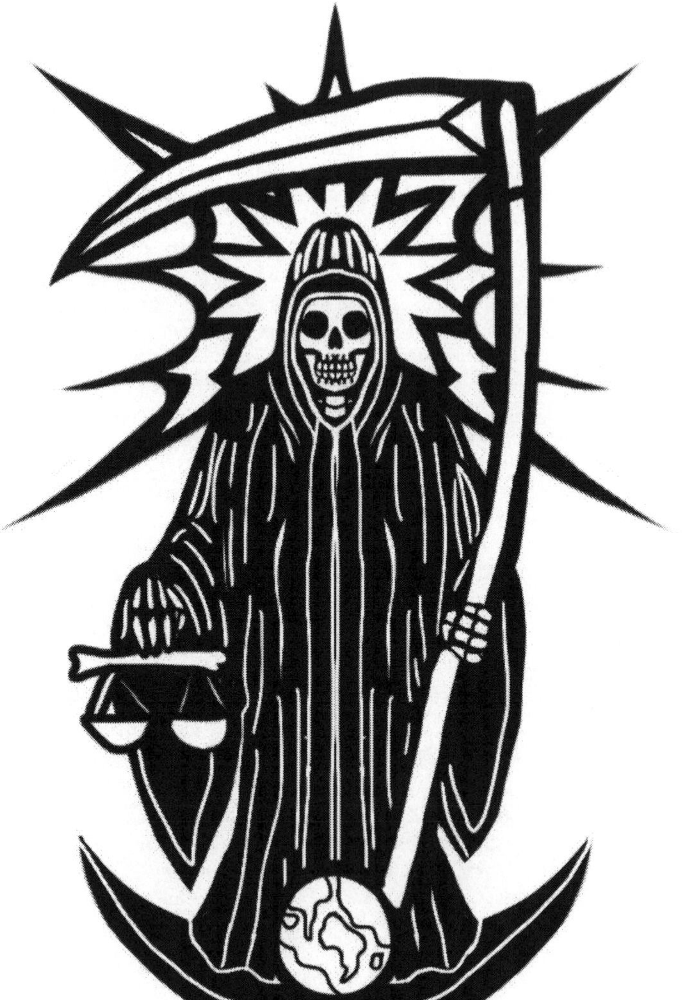

Pues tengo una fé intacta y esta fé ha hecho que yo consiga muchas cosas en mi vida y no pararé de conseguirlas porque hasta hoy he sido una persona inteligente y contigo a mi lado Santa Muerte poderosa sé que recibiré el poder absoluto para poder superar todas las fronteras de la vida, cualquier obstáculo, ahora mismo realizó esta oración impulsandome siempre a conseguir grandes sumas de dinero a tener abundancia ,éxito, a tener grandes riquezas hoy quiero un cambio completamente contundente, hoy quiero que la vida y la fortuna me sonrían, hoy quiero demostrar que estoy hecho para grandes cosas y con tu infinita misericordia y bendición Santa Muerte poderosa sé que lo lograré, hoy escuchas mi plegaria y trabajas en mi ayuda, hoy me llenas de esperanza y la bendición necesaria para que de esta forma yo pueda conseguir lo que deseo. Hoy siento como mi vida cambia completamente, hoy veo un nuevo horizonte veo que las puertas de la riqueza se abren para mí y estoy dispuesto a pasarlas con seguridad porque sé que menos de lo que espero podré tener grandes sumas dinero en mi vida.

Podré ver como mi economía ha cambiado completamente, podré sentir tu ayuda poderosa Santa Muerte y obtener el dinero que siempre he deseado. Yo estoy aquí con mi mayor fe y mi devoción para que a partir de este momento mi vida cambie completamente y me permita hacer una persona bendecida una persona siempre bienaventurada gracias a ti y tu poder, sé que hoy todas las riendas en mi vida están activas para que yo las maneje y Yo sabré hacerlo con inteligencia. Y mi poder para alcanzar grandes sumas de dinero serás tú Santa Muerte que estará guardando siempre mis bendiciones para que sean correctas, para que mi vida se enfoque siempre en conseguir grandes sumas de dinero y así yo pueda seguir prosperando en mis proyectos y cumplir todo lo que mi mente hoy imagina y desea.

Santa Muerte poderosa agradezco a ti por permitirme conocer esta oración tan misericordiosa y abundante gracias a ella lograré atraer la fuerza necesaria y conseguir el dinero que tanto quiero, con tu bendición podré conseguir grandes sumas de dinero y fortuna y obtener la economía que siempre he deseado desde hoy en adelante. amén

Oración para quedar embarazada

Santisima muerte,
Mi niña blanca en este momento
de desesperación acudo a tí.
Tu conoces el gran anhelo que he tenido siempre, ese sueño más grande de poder consebir, de traer al mundo un nuevo ser, de poder escuchar su latido, y de poder sentir sus paraditas en mi vientre, Santa muerte se que tu eres buena y justa, por eso te pido me des esa gran bendición, se que contigo no hay imposibles y te suplico me consedas este favor, bendice mi vientre para que pueda sembrar esa semilla de amor y poder ver su fruto con el tiempo, te prometo traerlo a una familia llena de amor y cariño, protegerlo con mi vida si es necesario, y darle todo lo que se merece, darle una buena calidad de vida, y amarlo siempre sobre todas las cosas, madre querida tu que puedes lograr esto y más te pido me escuches y consedas lo que te pido, por eso yo te prometo (en este momento harás tu promesa) y dar siempre testimonio de tu gran poder, te ruego me protejas de toda maldad qué pueda perjudicar mi embarazo, y también te pido que pongas en nuestra manos todo lo necesario para recibir a nuestro bebé en abundancia, gracias te doy por este gran favor que me consederas, bendita y alabada seas por toda la eternidad.
Amén

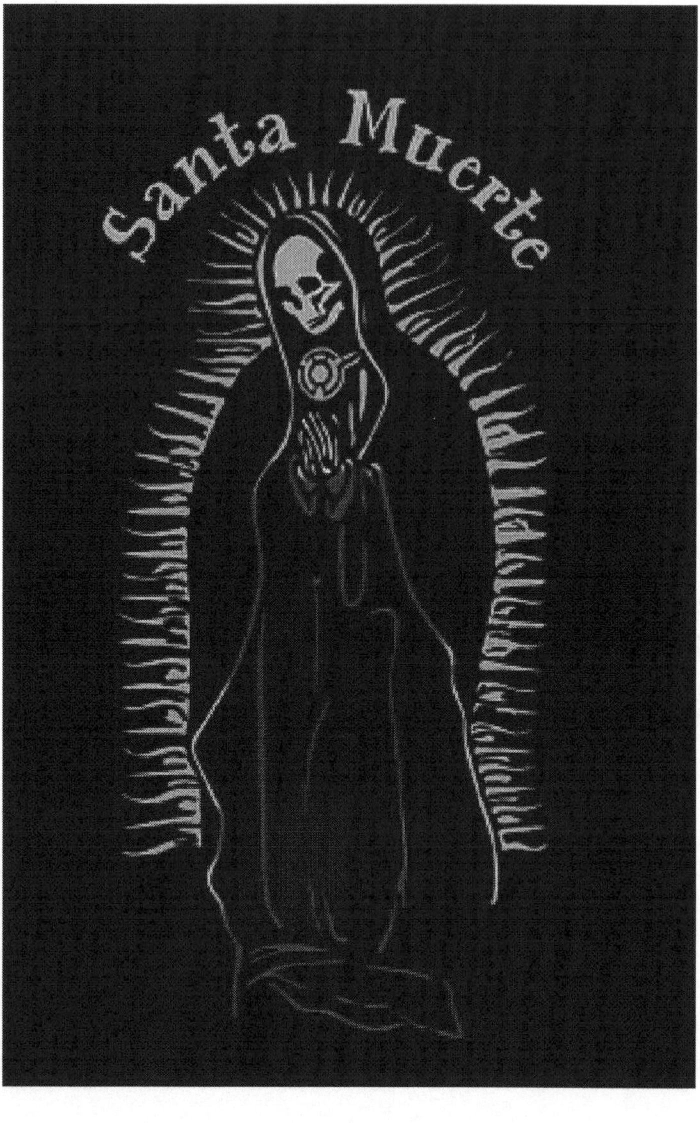
Santa Muerte

Oración para eliminar energías negativas

Ante la divina presencia de Dios todopoderoso, padre, hijo y espíritu santo te pido permiso para invocar a la santísima muerte.
" Mi niña blanca quiero pedirte de todo corazón que acudas a mi ayuda y que derribes toda barrera que esté impidiendo el crecimiento en mi persona como en mi hogar,
acude por mí, tu hija (en este momento dirás tu nombre) y me limpies de toda mala energía que esté contaminando mi cuerpo como mis pensamientos,no permitas que siga pereciendo de estos males,
alivia el dolor,aleja el odio,el rencor,la codicia, así como mis malos hábitos,la pereza el cansancio,la tristeza y ansiedad, ayudame a controlarme en mis momentos de ira y frustración,mantén el balance necesario que necesito en mi vida, bendice con paz y tranquilidad mi alma, enséñame a aceptarme y amarme cada día más,
para creer en mí y en lo que soy capaz de lograr con tu poderosa ayuda, apartir de este mismo instante corta toda energía negativa que me impida avanzar hacia mis objetivos ,pues tu conoces mis metas y anhelos,
llévame de la mano con amor y protégeme siempre contra todo mal"
AMÉN

Dulce muerte

Cuando el mundo comprenda que tu presencia es un regalo para nuestra vida,Cuando escuchar tu nombre no nos cause ningún temor,
uando mirar tu imagen nos llene de regocijo y no de espanto

Pues te llevamos debajo de la piel y en nuestros huesos,
Cuando pasen mil años y las almas de hoy estén en descanso
Entonces tú seguirás en tu arduo trabajo,y yo estaré de regreso a la tierra o adornando tu manto

Oh mi querida muerte, te pido que en esta y en mis otras tantas vidas, siempre acudas a llevarme entre tus dulces brazos.

Camila Montero

Cuando me lleves

Cuando me lleves
Tómame con dulzura
Y acaricia mi mejilla
Cuando me lleves, llévame mientras
Este dormida
Arrullame como a un recién nacido,
Envuélveme en tu manta y
Cubreme del frío

Cuando me lleves a aquel lugar
Donde canta el ruiseñor,
Donde sale siempre el arcoíris
Allá bajo la tierra o allá sobre las nubes

Camila Montero

Printed in Great Britain
by Amazon